# INQUIETUDES LITERARIAS

NÉSTOR QUADRI

# INQUIETUDES LITERARIAS

LIBRERÍA Y EDITORIAL ALSINA

Paraná 137 – (C1017AAC) Buenos Aires
Telefax: (54) (011) 4371-9309 / (54) (011) 4373-2942
info@lealsina.com   www.lealsina.com
ARGENTINA

2011

© 2011 *by* Librería y Editorial Alsina
Buenos Aires

Queda hecho el depósito que establece la ley 11.723

Impreso en Argentina

ISBN 978-950-553-187-5

La reproducción total o parcial de este libro en cualquier forma, idéntica o modificada, no autorizada por el Editor viola derechos reservados.

---

Quadri , Néstor
   Inquietudes literarias. - 1a ed. - Buenos Aires : Librería y Editorial Alsina, 2011.
   64 p. ; 20x14 cm.

ISBN 978-950-553-187-5

1. Literatura Argentina. I. Título
CDD A860

# Índice

**PRÓLOGO** 7

**POESÍAS**

Escritor e ingeniero 11
Dichosas golondrinas 12
La puerta transparente 13

MELANCOLÍAS NATIVAS 15
Tragedia de amor indio 15
Castillo Cerro Alcázar (San Juan) 15
El silencio del anochecer 17
Nostalgia cerrana 18

POESÍAS TANGUERAS 19
Balcones de potus y luna 19
Dónde estará el cantor de tango aquel 20

POESÍAS DE HOMENAJE AL AJEDREZ 21
El ajedrez 21
Soneto al Ajedrez Jubilado 22

Riachuelo de Buenos Aires 27

## CUENTOS

| | |
|---|---|
| Eterno desencuentro | 31 |
| El embrujo del parque | 33 |
| La línea azul del horizonte | 35 |
| Esencia femenina | 45 |
| El retrato inconcluso | 46 |
| La esencia de la vida | 51 |
| El héroe de la batalla | 52 |
| El aire aún sigue saliendo | 58 |

# Prólogo

Escribir me produce una gran satisfacción personal, porque me acerca a la vaga, escurridiza y fragmentaria sensación de lo maravilloso, de lo bello y de las visiones que me llenan el alma con ciertas perspectivas, escenas, paisajes, ideas, ocurrencias e imágenes de la vida real. En este libro traté de volcar algunas de esas inquietudes.

Se trata de una selección de poesías y cuentos que fueron publicados o que tuvieron mención en concursos literarios. Están relacionados con mi profesión, las tristezas que me provoca la depredación del hábitat natural, así como su destrucción por el odio humano y un homenaje a mis dos pasiones, el tango y el ajedrez.

**Néstor Quadri**

La página web "inquietudes literarias" del autor es:
http://inquietudesliterarias.blogspot.com/

# Poesías

- **Escritor e ingeniero**
- **Dichosas golondrinas**
- **La puerta transparente**
- **Melancolías nativas**
- **Tragedia de amor indio**
- **El silencio del anochecer**
- **Nostalgia cerrana**

**POESÍAS TANGUERAS**
- **Balcones de potus y luna**
- **Dónde estará el cantor de tango aquel**

**POESÍAS DE HOMENAJE AL AJEDREZ**
- **El ajedrez**
- **Soneto al Ajedrez Jubilado**

- **Riachuelo de Buenos Aires**

## Escritor e ingeniero

Ser escritor en mi vida, ¿tiene sentido?
porque tengo una vocación que quiero,
y de la que nada estoy arrepentido.
Me apasionó crear... Y fuí ingeniero.

¿Escritor e ingeniero? ¡Qué contradicción!
Escuché, con extrañeza cierto día.
¿Y porqué imaginar que mi inspiración
no encierra en sí misma el ingenio y la poesía?

La vida es una ecuación ardiente
que resolverla en estrofas es seguro.
Tiene dos constantes: el espíritu y la mente.
y sólo una incógnita: el futuro.

Elevando con un exponente la pasión,
sumando las amarguras con las alegrías
y haciendo actuar la imaginación,
un ingeniero bien puede concebir alegorías.

Aunque, si se cambia ese objetivo como guía,
y se elimina el término: emociones,
puede apartarse el ingeniero de la poesía,
envuelto entre las frías ecuaciones.

En el arte del ingenio, todo tiene sentido.
Unos buscan el ego, otros el dinero.
Más, si el sentimiento en el crear se ha elegido,
es claro que un escritor puede ser ingeniero.

## Dichosas golondrinas

Las flores marchitas,
mariposas desean tener.
Los árboles talados,
pájaros desean tener.
Los ríos con represas,
peces desean tener.
Los campos desérticos,
lluvias desean tener.
Los labradores condenados,
tierras fértiles desean tener...
Allá a lo lejos,
pasan unas golondrinas
migrado en el cielo.
Las flores marchitas,
los árboles talados,
los ríos con represas,
los campos desérticos,
los labradores condenados.
¡Sus alas desearían tener!...

## La puerta transparente

¡Qué triste el tiempo que pasa
bajo un manto de soledad!
Hay dolor, en este espacio del mundo,
pequeño, oscuro y nauseabundo.
Antes, era todo muy grande,
mas el odio lo contaminó.
¡Qué triste el silencio
después del holocausto!
Ya no hay encono, guerra, ni horror.
¿Habrá alguien todavía?
¡Qué triste la quietud
después de la destrucción!
Mi cuerpo está herido y desfalleciente
y mi corazón palpita acelerado.
¿Dónde ir, quedarme o permanecer?
Anoche no tuve sueño, cansado de pensar.
¡Qué triste el recuerdo
de esas inmensas lenguas de fuego!
Sigo aferrado a la vida,
y mi tiempo todavía se extiende,
pero ya sin ilusiones, ni amor.
Como de la nada surge una puerta
de cristal transparente.
Detrás la ilumina una extraña luz
configurando un haz ondulante.
¿Será un rayo de esperanza?
¿Habrá un mañana y un después?
¿Llegará la hora mágica
en que un nuevo mundo emerja

de los escombros derretidos?
Al asomarme, mis ojos vacilan.
Son seres que corren embrujados,
como puntos brillantes en la lejanía.
¡Corazón... tranquilízate...
son las almas ancestrales!
¿Será la redención?
¿Estarán preparando el retorno?
Un escalofrío me invade
al sentir que mis pies desnudos,
son calzados en zapatos alados.
Cuando me llevan volando hacia ellos,
mi pecho quiere gritar,
pero en ese atávico mundo callado,
por más que intento gritar
ya nunca podré gritar.

---

Mención en I Certamen Internacional de Poesía
Fantástica miNatura. España. 01/03/09.

# MELANCOLÍAS NATIVAS

## Tragedia de amor indio

Castillo Cerro Alcázar (San Juan)

En la argentina San Juan,
el cerro Alcázar se asemeja a un castillo
y son blancos los pisos y blancas las paredes
en cada amanecer.
Allí vivía un cacique de Calingasta
con una hermosa doncella española,

que había abandonado a un capitán cruel.
Un atardecer, el hispano sediento de venganza,
fue con otros al cerro, galopando con Luzbel.
Cuando los amantes fueron rodeados,
se lanzaron desde lo alto
y todo se tiñó de rojo
con la sangre de ella y la de él.
Y desde entonces, en el castillo del Alcázar
son rojos los pisos y rojas las paredes
en cada anochecer.

## El silencio del anochecer

De los indios que poblaron Yauco,
Bagua era el último descendiente.
Vivía en ese monte que nacía en el río
y hacia el cielo, subía la pendiente.
Un alegre cántico emitía en la aurora
y unos tristes gemidos al atardecer.
Un día, a la luz la rodearon penumbras
y sintió que se acercaba su fenecer.
Cuando en su cueva moría,
Yocahu… Yocahu… susurraba,
mientras que a su alma transparente,
una deidad taina se la llevaba.
Y ya no se oyó su cantar en la aurora,
ni sus gemidos, al perecer.
Y desde entonces, con un manto de silencio
el monte lo recuerda en cada anochecer.

## Nostalgia cerrana

En la mirada sin gestos de su cara bronceada
quiere esconder el colla su alma desolada.
La selva de cemento lo atrapó sin piedad
en esa inmensa e insensible ciudad.

Una urbe de foránea riqueza
rodeada de discriminatoria pobreza.
En su casa de madera y chapa de hierro
siente la cruel nostalgia de su cerro.

De las piedras… de los cardos... de las cabras...
de los largos días... de las noches largas...
De aquel cerro solitario que se eleva al cielo
haciendo que el cielo se acerque al suelo.

De aquel cerro donde las nubes forman majadas,
que el viento las arrea, en caminos de quebradas.
¿Fue el destino que del cerro lo alejó?
¿Fue la vida que esa tristeza le asignó?

¡Quien no adivina en ese indio su alma desolada
en esa mirada sin gestos de su cara bronceada!

---

Poesías seleccionadas 1er Premio de Sepé Tiaraju
Iberoamericano de Poesía. 16/10/09.

## POESÍAS TANGUERAS

### Balcones de potus y luna

Cuando entre los potus que cuelgan,
veo la luna con una piba asomada en un balcón,
siento como que el viejo arrabal me acuna
y me hace latir con fuerza el corazón.

Aquellas noches de tangos
con sus casas de adobe y ladrillos
y aromas de yuyos y malvones,
partieron para no volver, ya lo sé…

Pero ese arrabal de antaño
aún vive en el alma de esos balcones
recordando el canto de los grillos
y gambeteando melancólico el adiós.

Aquellas noches de tango
con las serenatas cantadas bajo el farol
y la tímida piba asomada en la ventana,
partieron para no volver, ya lo sé…

Mas si todo aquello se olvidara,
cuando en los balcones, entre esos potus muera el sol,
al ser iluminados por la luna suburbana,
perderían para siempre el eco melodioso del amor.

---

Meritado en el Certamen literario "Centro Cultural del tango Zona Norte". Buenos Aires. 12/12/2009.

## Dónde estará el cantor de tango aquel

Dónde estará el cantor de tango aquel.
Yo sé que mi alma está triste desde que no está.

Dicen que lo vieron caminado por Floresta.
Dicen que en Devoto está preso en el penal.
Dicen que volvió a Pompeya pero que ya no se deja ver.
Dicen que murió de una cuchillada en el bar La Humedad
o de un infarto en la cama de una prostituta en Monserrat.

Dónde estará el cantor de tango aquel.
Yo sé que mi alma está triste desde que se fue.

Dicen que lo vieron caminado por la Boca.
Dicen que volvió a Puente Alsina pero que ya no canta más.
Dicen que murió de sida en el Duran.
Dicen que en las noches de luna
aún se lo oye cantar en los balcones del arrabal.

---

Publicado en el 2º concurso de letras de tangos de Escuelas ESCRIBIRTE de España. 12/2009.

# POESÍAS DE HOMENAJE AL AJEDREZ

## El ajedrez

Desde que se conoció el ajedrez,
los jugadores gozaron de su belleza
a través de los siglos
como si fueran estrellas en un cielo.

Mas el hombre no lo inventó,
sino que lo descubrió en el universo,
donde están todas las creaciones
como si fueran partidas en un gran trebejo.

Y quizás no haya sido en este universo
sino en uno de los múltiples universos.
¡Ajedrez: maravilloso e infinito,
que tan sólo un Dios pudo crearlo!

## Soneto al Ajedrez Jubilado

En el monitor, dos bandos de distintos colores
luchan en un final de ajedrez jubilado.
Sólo hay un rey postrero en cada lado

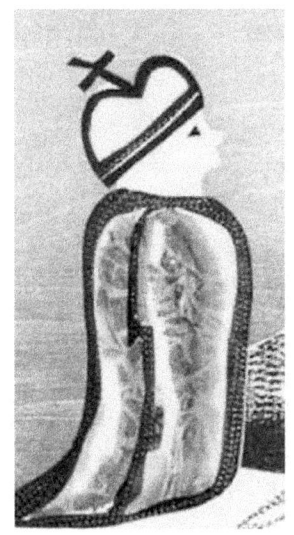

Pintura de
Elke Rehder

torres homéricas

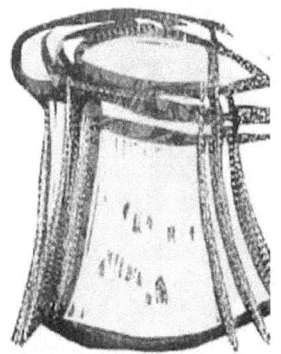

Pintura de
Elke Rehder

y peones agresores.

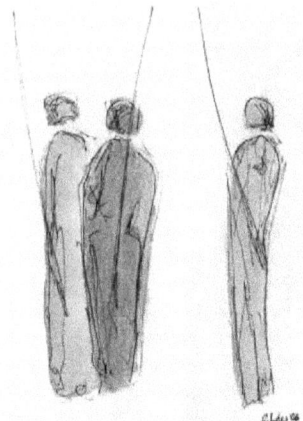

Pintura de Elke Rehder

Las otras piezas que irradian mágicos rigores
no existen en ese tablero tenuemente tramado.

"Überschach" (1937)

Pintura de Paul Klee
(1879-1940)

Al ganar, el rey de Borges se siente regocijado
pero debió sufrir muchos jaques acosadores.

Igual que en el ajedrez, en el devenir de los días
los jugadores serán felices al vencer
en el tramado claro oscuro de sus biografías.

"Jouant aux échecs" (1925)

Pintura de Jean-Paul Kayser (1869-1942)

Mas para su logro también deberán padecer
y al jubilarse en la vida, esas alegrías
sólo habrán sido instantes del largo acontecer.

"Chess".
Pintura de Maud Frances Eyston Sumner (1902-1985)

Publicado el 16/06/10 en la sección literatura y participación de la página de ajedrez del Club d'Escacs SANT MARTÍ de Barcelona (España).

Ilustrado y adaptado por Frank Mayer
Página web tabla de flandes http://www.tabladeflandes.com/
Barcelona. España. 14/10/10.

**Aclaración:** El ajedrez jubilado es una modalidad de finales de ajedrez, que se juega sólo con peones y reyes en la posición inicial, pudiéndose promover únicamente torres. Ver página: www.ajedrezjubilado.com.ar

## Riachuelo de Buenos Aires

El agua se aquieta entre la niebla
de ese turbio fondeador,
donde se hunden los barcos abandonados.
Las aguas bajan negras y contaminadas,
y tienen un olor pestilente.
Allí lo único que goza de buena salud,
es el olvido de todos.
Sus aguas grasientas,
están cubiertas de negro petróleo,
que hierve en burbujas de gases venenosos.
Los basurales cubren sus márgenes,
que reciben desagües industriales
y filtraciones de pozos ciegos.
Un río debe ser una fuente de vida,
pero éste es sinónimo de muerte.
Solo existen insectos y bacterias,
que descomponen la basura,
agrupada en sus fétidos camalotes.
Riachuelo de Buenos Aires, nadie parece verte.
¿Será porque tus aguas riegan el suburbio pobre?

---

**Antecedente**: El 4 de enero de 1993, la Ingeniera María Julia Alsogaray, Secretaria de Recursos Naturales y Desarrollo Sustentable anunció que en mil días todos podrían navegar, pescar y nadar en el Riachuelo de Buenos Aires. (Fuente: todos los medios de difusión de Argentina.) Hoy casi 20 años después, en ese Riachuelo más pestilente y contaminado que nunca, no hay navegantes, pescadores, ni nadadores…

---

Concurso Poesía y Naturaleza ECOLOQUIA (Cultura Ecológica y Medio Ambiente) 2010. Publicado en http//www.ecoloquia.com

# Cuentos

- **Eterno desencuentro**
- **El embrujo del parque**
- **La línea azul del horizonte**
- **Esencia femenina**
- **El retrato inconcluso**
- **La esencia de la vida**
- **El héroe de la batalla**
- **El aire aún sigue saliendo**

## Eterno desencuentro

*Dicen que era incomunicación.*
*Dicen que era cobardía.*

### Versión del padre

Él nunca supo que yo era su padre. Lo vi por el espejo cuando entró al bar con su pelo mojado en ese día de lluvia torrencial, chapoteando y tiritando de frío. Se acercó y con sus dedos crispados me tocó el hombro y me dijo "hola" con voz entrecortada y mientras le pedía una copa al dueño, se sentó junto a mí en el mostrador. No supe qué decirle, pero respeté mi silencio. Después de todos estos años bien podría habérselo dicho, pero se me había hecho un nudo en la garganta. Tomó rápidamente la copa y cuando salió del bar pude ver apesadumbrado su rostro en el espejo, con un mechón mojado cubriendo su frente.

### Versión del hijo

Él nunca supo que yo sabía que era mi padre. Cuando entré al bar en ese día de lluvia torrencial, chapoteando y tiritando de frío, lo vi por el espejo sentado en el mostrador tomando una copa. Me acerqué y con mis dedos crispados le toqué el hombro y le dije "hola" con voz entrecortada y mientras le pedía una copa al dueño, me senté junto a él en el mostrador. No supo qué decirme, pero respeté su silencio. Después de todos estos años bien podría habérmelo dicho, pero se le había hecho un nudo en la garganta. Tomé rápidamente la copa y cuando salí del bar, pude ver apesadumbrado su rostro en el espejo, con un montón de arrugas cubriendo su frente.

Dicen que perpetuamente se desencontraban ante ese espejo.
Dicen que eran almas gemelas, que en el silencio ocultaban sus penas.

---

2ª Mención del Certamen Internacional de Cuentos "Jorge Luis Borges" 2008 de la Revista SESAM. Sociedad de Escritores de San Martín (Provincia de Buenos Aires). 30/06/09.

## El embrujo del parque

Necesitaba trabajar y tomé un puesto de cartero. Aquella mañana, mi primer día laboral, debía entregar un par de paquetes que tenían como destino la casona del parque Avellaneda.

Esa tarde, apenas pisé sus senderos me inundó una extraña sensación de una belleza tal que invocaba al misterio. Esas sendas parecían moverse entre los árboles, con un movimiento silencioso pero constante, rodeado por incontables esculturas hechas en madera que me parecían corazones latiendo. No sabía por qué pero sólo atinaba a caminar cada vez más rápido, mientras paulatinamente me iba sugestionando.

Las carpetas de polvo de ladrillo de los caminos estaban llenos de desniveles producidos por las raíces de innumerables árboles añosos de eucaliptos que se abrazaban en el aire produciendo un fuerte aroma, creando una cierta opacidad a pesar de la luz del día.

De pronto sentí una rara sensación, como si el parque estuviera habitado por fantasmas discretos, como si esos seres no fuesen visibles, como si los escasos transeúntes que se veían caminar fuesen ánimas sin rumbo, que estuviesen perdidos deambulando por el parque.

Comencé a percibir diagonales interminables y engañosas, sendas que morían apenas nacían y otras que se que se perdían en instante y aparecían luego sin lógica alguna, configurando un intrincado paisaje laberíntico.

Mi alma se llenó de una inquietud pasmosa. Eran ya las cinco de la tarde y pensé que cumplir con mi tarea era la mejor manera de tranquilizarme, pero fue imposible. No puedo asegurar si avanzaba o retrocedía, las imágenes se superponían creando a su vez otras imágenes.

Entonces los árboles y las estatuas, los senderos incorporaron sus almas y mostraron grandes ojos que me apuntaban, que se abalanzaban en un torbellino vertiginoso y ondulante y repentinamente sin saber cómo, me encontré frente al umbral de la enorme casona del parque.

De allí salió un hombre maduro con el uniforme de mayordomo que se utilizaba en tiempos ya idos, estiró ceremoniosamente sus manos y le entregué los paquetes. Firmó mi planilla y de sus bolsillos extrajo una moneda de cobre y me la entregó. Miré el reloj y seguían siendo las cinco, el tiempo no había transcurrido.

Retorné atontado, confundido, pero ahora no temía, sentía una tranquilidad extrema, abrumadora. Entregué las planillas a mi superior y desde entonces me miran con recelo. Jamás pude liberarme, ni lo he deseado, del embrujo fantástico y misterioso que genera ese inmenso parque de Buenos Aires.

---

Colaboración a la Revista "Floresta y su mundo" como homenaje al Parque Avellaneda de Buenos Aires. Año 2008.

## La línea azul del horizonte

Como si despertara de un dulce sueño, todos los días al abrir los ojos en el balcón esbozaba una leve sonrisa al vislumbrar la línea azul del horizonte, allá a lo lejos, donde se une el cielo y el mar. Ese pequeño departamento con vista a la playa fue la herencia que me dejó mi tía, quien solventó los gastos durante todo el tiempo que duró mi convalecencia.

Mis únicos amigos eran unos viejos jubilados que se sentaban en un banco alrededor de la fuente, en la arbolada y florida plaza de la ciudad costera donde vivía desde mucho tiempo atrás. Ellos siempre se quejaban del mundo y charlaban sobre cosas sin importancia y la mayoría de las veces, siempre recordaban las mismas anécdotas.

Cuando observaba por el balcón a los niños que jugaban, correteaban y gritaban en la playa, deseaba volver nuevamente a aquellos los días en que las olas bañaban mi pequeño cuerpo tostado por el sol o cuando jugaba haciendo castillos de arena con mi madre. En ese entonces yo era feliz, pero sabía que nunca podría volver a serlo, porque la niñez hacía rato que se me había ido, como se fueron las noches con mis sueños.

Mi madre era todo lo que tuve de amor en mi infancia, porque a mi padre nunca lo conocí. Ella nunca pudo ver el collar que le había hecho con hermosas piedras, que había recogido en aquella otra playa, ahora tan lejana en el recuerdo.

En ese balcón, una infinidad de sensaciones invisibles incansablemente me rondaban, acechaban y perturbaban. Mientras trataba de reproducir las situaciones y circunstancias relacionadas con mi pasado, estaba atrapado en una indefinida dimensión de tiempo y mi mente vagaba siempre lejos de las limitadas fronteras de lo material.

Entre los recuerdos se me iban las mañanas y por la tardes la rutina diaria consistía en reunirse con los viejos, que se sentaban en los bancos a tomar el tibio calor del sol en esa plaza floreada, bajo la brisa fresca y pura que provenía del mar. Siempre se quejaban y como ya de nada se ilusionaban, vivían recordando en un presente de reproches y achaques, porque para ellos el futuro no existía.

Siempre me sentaba bajo ese árbol de tilo sin apenas hablar, sólo escuchaba y asentía con la cabeza lo que los demás viejos me contaban entre sus accesos de tos y trataba de confundirme entre ellos, como si fuera parte de ellos mismos. Pero yo no era otra cosa que un ser desconocido entre esos seres impasibles e ignorante de mi angustia, porque en mi mente siempre perduraban los recuerdos de aquella tragedia y los de violencia y humillación, distante ya en el tiempo, pero no por ello menos dolorosos.

Cuando llegaba la noche, al volver al departamento me envolvía el silencio, sólo interrumpido por el piar lejano de alguna gaviota desvelada en el mar y me encontraba en un mundo extraño, donde todo aquello siempre estaba danzando en mi cerebro. Muchas veces escuchaba los ruidos que provenían desde una calle misteriosa de aquella otra ciudad costera donde vivía con mi madre, cuando jugaba con otros niños de caras sucias con una pelota de trapo.

De improviso, apareció un hombre bien vestido, que muy amablemente se nos acercó con una sonrisa inocente y nos dijo que si alguno de nosotros lo acompañaba a su casa, nos prestaría para que juguemos, una pelota de fútbol que le habían regalado y como no la usaba la tenía guardada en un armario.

Yo me ofrecí a ir a buscarla y mis recuerdos volaban hasta una casa de paredes de piedras a la vista y una escalera que conducían a una de las habitaciones de la terraza, donde al entrar el hombre repentinamente se transformó y me amenazó con una mirada de deseo enfermizo reflejado en sus pupilas, que aún después de tanto tiempo, me seguían produciendo la misma repugnancia.

Rápidamente, mi frágil cuerpo de niño quedó semidesnudo, tendido de espalda ante aquel hombre que se agitaba enérgicamente sobre mí y nada podía hacer por más que me resistía.

De pronto, sentí unos pasos y cuando la puerta se abrió de golpe, apareció mi madre que me había estado buscando desesperada, que observó la escena sorprendida y horrorizada. El hombre me soltó y afloró en su rostro una expresión tétrica de maldad y un inmenso odio asesino que se reflejaba en sus ojos.

Y fue entonces que aterrado por completo y con mi espíritu inocente conmocionado, solo atiné salir corriendo y al esconderse en una habitación oscura, me sobresaltó un disparo, que supe después había sido el que causó la muerte a mi madre. Acurrucado en un rincón, por mi cuerpo recorrió un escalofrío y me sentí débil, como si mi juicio hubiese partido, como si mi alma me hubiese abandonado, dejando sólo un cuerpo moribundo, mientras mi mente estaba como perdida en la nada.

Cuando percibí los pasos y la respiración agitada del hombre que me estaba buscando, me quedé estático en el lugar donde estaba escondido y casi sin respirar para que no me descubriera. De pronto, se oyeron unas sirenas a lo lejos y cuando percibí que el hombre se alejó, todo era una mezcla de ruidos, gritos y misterio en mi cerebro, hasta que sonó otro disparo, que luego supe era del violador, que se había suicidado al verse acorralado por la policía.

En aquel momento, yo no vislumbraba lo que estaba pasando, no sabía si era un sueño o una realidad, no lograba dominar mis ideas porque todo se disolvía en la incertidumbre, hasta que alguien me encontró allí después de un tiempo, con la mirada extraviada y temblando de miedo, mientras escuchaba el latir intenso de mi corazón. Me internaron en un sanatorio y nunca más volví a ver a mi madre, ni aquella casa de paredes de piedras a la vista.

Cuando cumplí los veinte años recién fui dado de alta, pero aún así, todavía no estaba recuperado completamente. Me había transformado en un ser silencioso que no tenía voluntad de hablar; conversaba lo indispensable y la mayoría de las veces hacía como que escuchaba, mientras mi mente viajaba siempre a sitios muy distantes.

Las noches se me hacían largas en el departamento y cuando miraba aquella foto que aún conservaba de mi madre, con su rostro encendido y su alegre sonrisa, las lágrimas que recorrían las arrugas de mi cara, inundaban mi almohada como señales permanentes de mi pena y llorando me quedaba dormido.

En la mañana me levantaba antes que amanezca, me bañaba y luego de desayunar pausadamente me instalaba en el balcón, acompañado de las flores y plantas de mis macetas, para ver el amanecer y contemplaba el mar a lo lejos, añorando otros tiempos de felicidad, como los castillos de arena que hacía con mi madre, que aún no se había llevado ninguna ola traviesa y sus huellas en la playa, que para mí nunca los años habían podido borrar.

Pero muchas veces entre mis recuerdos de felicidad, surgía también aquella mujer que me había acompañado en los días posteriores a mi rehabilitación, la que siempre aparecía en medio de mi vida, llenándolo todo con la luz de sus grandes ojos negros, que caminaba asida a mi brazo por las veredas de las calles de esta ciudad costera.

A ella le gustaba sentarse sobre la playa húmeda y dejar que las olas con su espuma golpearan sus pies, para poder sentir el contacto del agua fría del mar. Se podía pasar horas enteras allí sentada, mirando el mar y gozando de la tibieza de sol. Ella me decía que algún día se iría volando hasta la línea azul del horizonte para esperarme y que seguramente también estaría allí mi madre, mientras me sonreía tiernamente.

La playa podía estar abarrotada de gente, pero nosotros sentíamos como que éramos los únicos seres que existíamos; propietarios de ese mar azul transparente y de aquellas arenas encantadas. Esa playa era la misma que yo observaba durante las mañanas, sentado en una silla en el balcón de mi departamento.

En las noches, no había violencia en mis sueños cuando aparecía la cara de ella entre las nubes blancas. Aunque no era muy hermosa, poseía una gran simpatía y candidez y su pelo castaño siempre brillaba en el sol del atardecer. Sus grandes ojos negros emitían una dulzura tal, que me impedían apartar la mirada una vez que ya los había encontrado. Ella era la imagen misma de mi madre.

Era hija única y se crió en un campo donde trabajaba su padre, en el que había cultivos y hacienda. Desde muy chica aprendió a cuidar a los animales, a ordeñar las vacas y a atender a las aves del corral. Ya en la juventud, al fallecer su padre fue a radicarse en esta ciudad costera donde vivía con su madre, la que fue transformando en finos modales, sus rústicas formas de vida.

Yo pude percibir esos finos modales en aquel baile, que se hacían todos los sábados a la tarde en la discoteca de la ciudad, porque allí fue donde la vi por primera vez, cuando me dieron de alta del sanatorio donde estuve internado.

Quedé tan impactado al verla tan parecida a mi madre, que tuve la osadía de acercarme y torpemente pedirle un baile, mientras ella me miraba y aceptaba con cara de recelo y media sonrisa en los labios.

Así, en esos bailes de los sábados nos fuimos conociendo hasta convertirnos en amantes. Al principio temí que yo no le gustara porque me quedaba callado y era ella la que siempre hablaba y me contaba cosas. Sin embargo, a medida que pasaron las semanas, me dijo que estaba enamorada y que se sentía tan contenta como cuando era niña y corría por el medio del campo entre los maizales, escondiéndose detrás de las matas de pasto para sorprender a las mariposas.

Cuando soñaba con ella dormía más tranquilo, porque me traían las imágenes más bellas de la que fue mi única amante. En mis sueños la veía, parlanchina, sonriente y feliz como siempre lo fue.

Pero llegó el día en que esa soledad a la cual me encontraba atado había perdido todo equívoco y cuando alcanzó su punto extremo, decidí tomar por fin aquella determinación, que por miedo y cobardía postergué durante tanto tiempo.

En aquel amanecer me levanté pausadamente de la cama, tomé la habitual ducha con agua caliente y despaciosamente me vestí con mis mejores ropas, guardando una fotografía de ella y de mi madre en un bolsillo del saco. Luego de desayunar, contemplé como siempre el mar desde mi balcón.

Ese sería el día del reencuentro pensaba para mis adentros, cuando por la tarde iba rumbo a la plaza. El dulce olor de las flores de los árboles de tilo de las calles de la ciudad, tenían más intensidad en la primavera y recorría las calles con una sonrisa que iluminaba mi rostro.

Los viejos que se cruzaban en mi camino y me saludaban, se quedaban pensativos ante mi sonrisa, intuyendo que había zonas ocultas en mi interior, fuerzas en movimiento que les eran desconocidas. Los que estaban en la plaza sentados en los bancos suspendieron sus charlas de tiempos pasados y sus quejas diarias para saludarme sorprendidos, mientras yo iba caminando altanero con la cabeza erguida.

Quizás sea la primavera, pensarían los viejos que no dejaban de mirar mis pasos firmes a pesar de la edad. Se dieron cuenta que ese no era un día cualquiera para mí, porque esa tarde no me detuve para sentarse bajo aquel árbol de tilo para escucharlos, como lo hacía siempre a esa misma hora, cada día y durante tantos años.

Una brisa fría me sobresaltó al llegar a la inmensa playa, como deseando despertarme de un largo letargo con una fresca caricia que me arrebolaba el alma y de repente, como de la nada surgieron algunas nubes oscuras que se desplazaban en el cielo augurando un inoportuno chaparrón.

Aceleré más el paso, aunque no me importaba la lluvia, mientras miraba al cielo insistentemente, como queriendo enfrentar con mi cara las pequeñas gotas de agua que comenzaron a caer de aquellas nubes fantasmales. Porque en mi rostro había otra agua, la que emanaba del recuerdo de aquella de sabor salado con gusto a muerte y la imagen de aquellos ojos negros horrorizados, igual que los de mi madre en aquel día fatal.

Aquellos ojos que solía ver a veces en las oscuras noches de soledad, pero que nunca quise recordarla así, de aquella manera, con esa mirada entre la espuma de las olas, mientras yo temblaba de angustia. Porque me torturaba ver el cuerpo de mi amada agitarse sobre aquella inmensa ola, que poco a poco la fue arrastrando hasta desaparecer en el mar azul.

La seguí hacia las profundidades tragando agua salada, hasta que al quedar sin aliento, exhausto, tembloroso y acalambrado, frené mi carrera en busca de un poco de oxígeno y ya no la vi más. Y de repente me encontré sólo en ese mar que irremediablemente me la había arrebatado cuando más la necesitaba, cuando me era indispensable para alcanzar la felicidad y curar para siempre mi mente enferma y atormentada.

Estuve durante unos años internado nuevamente y cuando salí me otorgaron la pensión y nunca más me volví a enamorar, ni siquiera volví a intimar con otras mujeres. ¿Qué se había hecho de mi felicidad? Nunca recibí cariño alguno y no tuve familiar para visitar, porque mi tía había fallecido dejándome el departamento que vivía y me pasé la vida solo, siempre solo, rodeado en el silencio de mis recuerdos, sin esperanzas ni ilusiones futuras, con el espíritu lleno de las serenidades grises de un paisaje de otoño.

La lluvia no paraba, por el contrario, surgió de pronto un fuerte viento que me azotaba y al hacerse más intenso el chaparrón, las gotas se clavaban en mi rostro como pequeños aguijones que atravesaban mi piel. Yo que me había vestido en forma impecable, parecía un pordiosero caminando bajo la lluvia con mi ropa totalmente empapada.

Al fin, llegué hasta la orilla y comencé a adentrarse en ese mar infinito, para volver a encontrarlas en el ayer. Ese ayer que para todos había quedado ya lejano, pero que para mí seguía siendo todavía hoy, porque mi pasado había quedado enclavado en mi espíritu enfermo y atormentado, que no creció, que no pudo alimentarse con las maravillas de la felicidad, porque me fueron arrebatadas por la maldad en el mundo y por el fatídico destino.

A lo lejos, sobre el horizonte inmenso sentí que el mar me atraía, irradiando sobre sus aguas las caras sonrientes de ellas. ¿La realidad es un juego de sueños? Introduje la mano en el bolsillo para acariciar aquellas fotos y las llamé gritando sus nombres, con todas las fuerzas que me quedaron y lloré como nunca antes había llorado, descargando todas las penas de mi corazón.

Y repentinamente las olas fueron aumentando progresivamente de intensidad en un frenético ir y venir, golpeando con estruendo una y otra vez, mientras el viento al soplar me traía unos murmullos que al principio me parecieron demasiados lejanos y que no se desplazaban, pero de pronto esos murmullos que habían estado tan lejos, estuvieron cada vez más cerca y se fueron haciendo las voces de ellas que me llamaban.

Entonces, seguí caminando para adentrarse en el mar como si fuera un pájaro, porque solo así volando mi alma podría llegar donde ellas estaban esperándome desde hace tantos años, allí en la línea azul del horizonte donde se une el cielo y el mar, allí donde el tiempo está quieto y no corre, allí donde por fin, el reloj sombrío que medía indiferente las horas amargas de mi existencia, se detuvo de felicidad para siempre.

---

Finalista del Primer Concurso de relatos "El Arte de Escribir". España. Año 2009.

## **Esencia femenina**

La felicidad de esencia femenina puede surgir en la candidez de una niña adulada, pero algunas veces nace en la mágica danza de etéreas hadas.

Feliz tú niña, que sonríes halagada cuando en cada vuelta de calesita tu abuela te saluda embelesada.

Feliz tú niña, que en este verano encerraste unas orugas en una caja oxidada y a los pocos días surgieron bailando mariposas aladas.

---

Finalista del Concurso de Microrrelatos On-Line de IBERCAMPUS. Madrid. España. 22/09/08.

## El retrato inconcluso

Era un hombre morocho, esbelto y bien parecido y en su rostro se abría paso una mirada despierta y atenta, con unos ojos oscuros que emitían un fulgor extraño. Estaba muy serio y circunspecto porque aún no estaba seguro de estar enamorado de ella y por momentos se sentía asustado con el lazo formal que inexorablemente comenzaba a materializarse.

Había llegado muy temprano a esa suntuosa casa frente al mar que mostraba su pasado exponiendo a su valor íntimo lo imperecedero, mientras la mañana acariciaba el follaje de los árboles y el canto de los pájaros impregnaban todo de vida.

Al entrar observó en el living la mancha de humo amarilla que se destacaba en la chimenea de mármol blanco y el viejo piano ubicado en un rincón oscuro, junto a un reloj de péndulo en una caja negra alta y estrecha. Luego de saludar al padre, éste lo había invitado a sentarse para esperar que ella baje de su habitación.

El hombre se sentía incómodo y buscaba la forma de entablar alguna conversación, esbozando algunas frases sueltas que sonaban como huecas, cuando lo salvó ella bajando sonriente. Se levantó y la saludó cariñosamente con un beso, mientras el padre lo examinaba con ojo crítico frotando su rostro barbudo. Estaba preocupado porque presentía que él no es un buen partido para su hija.

Al salir de la casa, con cierto recelo le dió un apretón de manos al padre, mientras ella se sentía contenta de ir de paseo a la playa, aunque él consideraba a esos placeres como secundarios. Estaba decidida a condescender sólo a una caminata y a una buena comida, evitando aquellos encuentros furtivos, muy distintos de ese aparente decoro actual de la pareja. Ella no le había dicho aún que estaba embarazada.

Caminaron hacia la rambla que estaba colmada de gente transitando indiferente y se acercaron a la baranda, desde donde podían ver en su totalidad esa pequeña playa que era muy bella. El murmullo de las olas acariciaba con pasión las finas arenas y el arrullo de la brisa celebraba alegre en sus oídos, el cálido beso de la espuma de las olas que desaparecían en la playa, una y otra vez, como si fuera una historia de amor que acababa con el sacrificio de uno de los amantes, en el que un alma devoraba a otra alma, en la que una existencia suponía la desaparición de otra.

El sol sobre sus cabezas no les molestaba y la inmensidad salada de aquel océano sin fin, el sol, la arena, la playa y a lo lejos los hermosos barcos navegando bajo las blancas nubes, con el cielo azul como testigos, eran la guía en sus miradas. Para ella era un lugar mágico donde podrían salir volando adentrándose en el mar, como si fueran una de esas gaviotas que revoloteaban en el cielo.

Pero yo contemplaba fascinado otro panorama muy distinto, donde el terrible sol deslumbraba fuertemente sobre el fatal y traicionero mar y aparecía ante mí una región terrible y misteriosa, donde las olas se alzaban con sus descarnados brazos de espectro y proyectaban sombras intensas de desolación y muerte.

Pasado el mediodía y caminando por la rambla, percibieron un aumento incesante del murmullo de la playa, mientras buscaban un sitio para almorzar y él sugirió ese pintoresco restaurante. Pidieron una mesa cercana a la ventana, para poder divisar el paisaje del mar, mientras la línea azul del horizonte sobre el océano paulatinamente se iba encrespando.

En el curso de la comida, él le contó sus planes de embarcar esa tarde en el velero de su amigo, pero ella se mostró reacia a acompañarlo. Él siguió insistiendo, pero en la mente de ella siempre merodeaba aquella noticia del embarazo que aún no se atrevía a develar.

Al salir, ella le pidió posar para un retrato en la rambla y él aceptó a regañadientes. Un pintor de extraño aspecto les dijo como debían ubicarse y le dió a ella un ramo de flores para que tenga en su mano y como él se mostraba impaciente, le explicó que tenía que tomarse el tiempo necesario para confeccionarlo. Pero luego de un rato, él ya no aguantó más:

—Vamos lo llevamos así como está, ha tenido tiempo de sobra y ya no podemos esperar, porque mi amigo ya estará dispuesto para zarpar —le dijo.

Y entonces, el pintor les entregó el retrato aún inconcluso, que los mostraba frente al mar con una evidente pureza artística en el estilo y la técnica de las pinceladas. En ese cuadro ellos estaban inmersos en aquel colorido que los rodeaba, pero aún faltaban dibujar los barcos que se divisaban en el horizonte.

Pero yo en ese retrato los veía ocultos en zonas misteriosas, flotando entre la rigidez precisa y el ardor deslumbrante, como si fuerzas desconocidas en movimiento, surgían de un espacio sin tiempo.

Al reanudar el camino pasaron por la carpa de una vidente y ella quiso entrar, pero él se opuso, porque ya era tarde y los del velero no lo esperarían. Empezaron a discutir y ella le porfió que sería poco el tiempo y él impaciente, pensó por un momento en irse a navegar y dejarla allí plantada, pero se contuvo.

Ella casi llorando se negaba a moverse, porque sentía un deseo incontenible de oír lo que le diría la vidente. Por fin él accedió furioso y los dos entraron en la carpa que estaba en penumbras. Hacía calor y él le seguía diciendo que eran inventos, señalando la esfera de cristal sobre la mesa iluminada, cuando la vidente, una mujer robusta y vestida con un traje exótico, entró a la carpa y los saludó con acento extranjero.

A él de pronto se le ocurrió que todo este asunto era ya insoportable y le recalcó que los estaban esperando para navegar atrayendo el brazo de ella, pero como se rehusó a moverse, en un arranque de exasperación la soltó y salió apresuradamente, dejándola anonadada. Ella hizo un ademán como para seguirlo, pero la vidente se interpuso para detenerla y le pidió encarecidamente que no lo haga.

Mientras yo estaba atónito y horrorizado, observando todo desde la oscuridad. Era como si caminara por una cuerda extendida en lo alto y se iba deshilachando y pretendí gritar para desahogar mi angustia, pero por más que quería no podía.

Estaba poseído de un amargo sentimiento de impotencia, que ni con la resignación lograba reducir y menos aún superar y en un verdadero ataque de locura, no lograba dominar mis ideas, porque todo se disolvía en medio de mi angustia y mientras el corazón me latía intensamente, la ansiedad se apoyaba sobre mi conciencia y la mantenía apretada con fuerza.

De pronto, sentí que una persona venía corriendo en la oscuridad y cuando se acercó hacia mí, lo miré detenidamente y comprendí que no es otro que él. Era aquel hombre morocho, esbelto y bien parecido, con unos ojos oscuros que emitían un fulgor extraño y entonces, le pregunté espantado:

—¿Por qué esa necesidad de escapar? ¿Por qué esas ansias locas de navegar?

—Tranquilízate y no sufras, cuando el destino esta fijado, ya no se puede volver atrás, me dijo.

Mientras escuchaba esto, repentinamente la oscuridad me trajo un sonido que al principio me pareció demasiado lejano y que no se desplazaba, pero poco a poco, ese sonido que había estado tan lejos estuvo cada vez más cerca y se fue convirtiendo en el zumbido del televisor, que me despertó en la madrugada recostado en el sofá del living de la casa de mi abuelo, mientras emitía su fría luz sobre la mancha amarilla del frente de la chimenea.

Al alzar los ojos, al lado del piano, junto a la pared donde estaba el reloj de caja negra que con su péndulo acompasado medía indiferente el paso del tiempo, observé con tristeza el retrato inconcluso de mis padres en la rambla, que se encontraba colgado y solitario en la penumbra, encerrado en la poca luminosidad de aquellas paredes grises.

---

Cuento seleccionado por el Jurado en el 6º Certamen Literario Pepe Fuera de Borda. Buenos Aires. Año 2009.

## La esencia de la vida

Había pasado mucho tiempo, las estaciones y los años se sucedían y aún seguía allí. Todas sus compañeras se habían marchado y ella había quedado atrás. Relegada al olvido y a pesar del tiempo transcurrido, recordaba los días de sol tostando su piel y aquel dulce aroma que la rodeaba en su infancia.

Entonces, un buen día un hombre llegó y la arrancó de su hogar y la transformó lentamente en otro ser, aislada de todo lo que conocía, muy lejos de la luz y del sol, que siempre la había acariciado. Poco a poco fue perdiendo la confianza y ahora, tras varios años de oscuridad, la esperanza había volado lejos. En ese momento estaba reposando, cuando la puerta se abrió.

Los tímidos rayos de luz se colaron por entre las cortinas medio abiertas y entonces, apareció él. Era un hombre atractivo, de mediana edad y con una barba bien recortada, que se acercó al lugar donde estaba y comenzó a hurgar curioso.

De repente, la mirada de aquel hombre se clavó en ella y una sensación de vitalidad que creía perdida, le recorrió en todo su cuerpo. El desconocido, con gesto viril, la sostuvo con fuerza y en un instante la desnudó, la besó profundamente y paladeó parte de su ser, impregnándola de sensualidad. Había encontrado el paraíso.

En un último momento y antes de que ella perdiera el sentido de puro placer, escuchó en la lejanía la voz de su salvador. ¡Por fin, después de tanto tiempo!... Qué buen vino. Es la esencia de la vida, con el alma de la exquisita uva Merlot.

## El héroe de la batalla

Una mano abrió la tapa y la oscuridad que me rodeaba se llenó nuevamente de luz. Me puse muy contento dado que llevaba mucho tiempo encerrado en esa caja de madera alta y estrecha como un ataúd, donde no podía moverse, ni ver nada. Estaba en una especie de letargo, luego de tantos días llenos de soledad y tristeza.

Los dedos entraron y me depositaron con mucho cuidado con mis acompañantes sobre la mesa vacía donde estaba el tablero y respiré el aire fresco que venía del exterior, mientras me balanceaba levemente encandilado sintiendo el parloteo de los contendientes. La mano me colocó en G1 y allí estaba encantado al lado del alfil blanco del rey, mientras del otro lado, en B1, estaba mi hermano gemelo junto al alfil de la dama.

El hecho de entrar en combate me daba mucha alegría, porque desde el primer momento me iba a jugar el todo por el todo, ya que ambicionaba ser el héroe en esa vibrante lucha que se avecinaba. Y así fue: la mano me movió en primer lugar, incluso antes que los peones y saltando por sobre ellos me colocó en mi nuevo sitio. Estaba muy orgulloso, pero al mismo tiempo sentía algún temor al ver en las filas de enfrente, allá a lo lejos, a todos aquellos peones negros amenazantes. Estaba ubicado casi en el centro del tablero.

Si bien era solo un simple caballo blanco de plástico, con la cabeza ligeramente alzada y un pelambre denso echado hacia atrás como acariciado por el viento, sentía que mi apariencia era señorial. Sabía que estaba en peligro mi vida en el tablero y por varios frentes, pero no me importaba demasiado, porque quería sobresalir dando todo de mí para hacer triunfar al ejército blanco y levantaba la cabeza como uno de esos corceles de las esculturas de los próceres, que exponen el cuello al enemigo, librando enfurecidos la batalla.

Las manos movían todas las piezas, de modo que rápidamente me encontré rodeado de figuras negras. Un peón se me puso delante desde el principio y pasé mucha zozobra en determinado momento de la lucha, al ser amenazado por uno de los alfiles negros. Luego de un tiempo, el peligro se hizo aún mayor.

La mano arriesgaba mucho y en un salto prodigioso me acercó al rey negro, exponiéndome a situaciones críticas en más de una ocasión y fue por pura suerte que el enemigo no me eliminara, prefiriendo cambiar uno de los alfiles negros por mi hermano gemelo. Entonces, observé como tristemente mi hermano que era tanto o más valiente que yo, luego de debatirse con todo coraje en el entrevero, murió en su ley, llevándose consigo al alfil negro fuera del tablero.

En un momento de la batalla la mano me desplazó hacia una línea lateral, casi cayéndose del tablero y esa inactividad me hizo sufrir un repentino estado de abatimiento y depresión. Pensaba que allí debería pasar el tiempo sin actuar y rumiaba en silencio mi angustia, mientras que mi espíritu se iba llenando de serenidades grises, como las de un paisaje de otoño. En esa paz que me encontraba sin que nada turbara mi calma, el sueño comenzó a invadirme y algo somnoliento me detuve a reflexionar.

—¿No me atacaban porque me temían realmente los contrarios? O tal vez, pensarían que era un ser irrelevante que había estado danzando cómicamente sobre los cuadrados del tablero y me dejaban tranquilo porque consideraban que no tenía ningún valor en esa lucha.

De pronto, sin saber si había tenido un dormir o un despertar verdadero, me sentí amenazado y eso me puso eufórico, porque significaba que valía y que debía seguir luchando. Pero cuando advertí que me atacaba desde el borde del tablero sólo ese estúpido e insignificante peón negro, displicentemente lo esquivé con orgullo y arrogancia, saltando prestamente sobre él.

A veces, cuando luchaba contra piezas más importantes como la torre o la dama, me había sentido algo pequeño. Pero ahora, en el caso que me atacaran no me intimidaría, porque ambicionaba fervientemente eliminar a alguna de ellas, aunque tenía conciencia que eso solo ocurría en muy contadas ocasiones. Analicé mi figura y me dí cuenta que por lo menos estaba intacto y la verdad era que prefería ser un caballo entero y reluciente, no como ese minúsculo peón negro que me había amenazado y avanzado bastante por la columna lateral, que encima tenía el cuello algo mellado.

Observé toda la posición y noté numerosos e intrincados senderos y sentía la necesidad de saltar como un torrente sobre las huestes enemigas. Habían quedado ya pocas piezas y el rey contrario fue obligado a salir a pasear por el centro del tablero, ante una batería de jaques de la dama y torre blanca. Entonces, mi mirada advirtió en la primera línea, en B1, algo lejos del lugar que me encontraba y donde al principio había estado mi querido hermano, a la dama negra que había intentado temerariamente atacar a mi rey.

Esa dama ejercía sobre mí casi una fascinación y fue en el momento que noté que podría acercarse rápidamente, cuando sentí que se produciría en mi vida ese acontecimiento de grandeza que tanto ambicionaba. No era para menos, allí donde me encontraba, saltando con precisión y jaqueando al rey negro andariego, amenazaría a la vez a la dama.

Estaba pletórico de alegría, porque sólo de vez en cuando podría tener una sensación de triunfo como esa y todavía no podía creer que pudiera llegar a lograrlo. La mano me alzó con dos de sus dedos a su alrededor y en el aire apoyó sobre mi cabeza otro dedo con el que me daba pequeños golpecitos rítmicos.mientras mi sombra se movía sobre el tablero, me sentía envuelto en algo mágico y misterioso viendo las piezas desde arriba, sobre aquellos cuadros de madera alternados en claros y oscuros. Con la gracia que tenía aquella mano y lo reluciente y libre que se veía toda la primera línea.

¿Por qué no me deslizaba de un lado a otro un par de veces para que todos me vieran mejor? ¿Por qué no me hacía bailar en el aire para celebrar la victoria? ¿Qué esperaba? Cuando aquellos tres dedos me abrazaron por completo, percibí en todo mi cuerpo unas vibraciones acompañadas con una risa extraña y luego escuché esas conmovedoras palabras que me alegraron el alma :—¡Jaque doble al rey y la dama!

El contrario ni siquiera contestó y permaneció callado mientras movía el rey negro. Luego me sentí feliz cuando con movimientos a la par saltarines y furtivos, la mano me deslizó hacia el lugar que ocupaba la dama negra y luego de alzarla y depositarla entre las piezas comidas, me hizo descender y me deslizó al casillero B1, que ella antes ocupaba. Había alcanzado toda la gloria y paladeaba el sabor del triunfo.

—¡Me sentía como el gran hacedor de la victoria! ¡El héroe de la batalla!

Pero ocurrió algo que ni por casualidad había previsto, porque allí en A2 estaba ese mellado peón negro bajo e insignificante que no valía gran cosa y que yo no le había dado ninguna importancia. Al descubrirlo en ese punto de avanzada, traté de perseguir en mi memoria la luz del discernimiento, pero cuando la hacía subir a la superficie, se apagaba justo en el momento que se iba a convertir en comprensión.

No lograba dominar mis ideas, todo se disolvía en medio de mi máxima angustia.

¿Acaso habría de morir tan tontamente en las manos de ese peón?

Sólo temblor y palpitación fue mi propia respuesta. Realmente no hubo ninguna lucha y de inmediato estuve liquidado. Aquel peón fue mi final y lo que me quedó era solo amargura, mientras la mano del contrario me alzó y fui a parar en el último lugar de la hilera de piezas comidas. ¡Hundido en la oscuridad!

Así como a veces se sumerge la cabeza en el pecho para reflexionar, comprendí que con su espíritu lleno de ansias de triunfo y signado por ambiciones de grandeza, había despreciado el inmenso valor que puede emanar de la propia humildad. Todo aquello había sido un error y allí me percaté que yo no le había dado la importancia que realmente merecía ese peón aparentemente intrascendente.

La mano del contrario me dejó y se alejó raudamente en dirección al tablero para retirar con gran cariño y delicadeza el cuerpo moribundo de aquel peón negro, que había ofrendado su vida para hacer resucitar a la dama negra, que en última instancia le dio el triunfo al ejército enemigo.

La realidad fue que el héroe de la batalla no había sido otro que aquel triste y humilde peón que yo tanto había subestimado y despreciado. ¡Qué cosas extrañas pero a la vez maravillosas tiene la vida!, pensaba con tristeza, mientras la mano lentamente me encerraba nuevamente en esa caja de madera alta y estrecha como un ataúd, donde me esperaban largos días de reminiscencia llenos de oscuridad y silencio.

Publicado en la Sección Cuentos de Ajedrez, de la página Web del Club d'Escacs Sant Martí de Barcelona, España, 18/01/10.

## El aire aún sigue saliendo

Hacía bastante calor cuando ingresé en la Central de Telefónica en Ramos Mejía, una localidad suburbana de Buenos Aires. El inmenso local se erigía ante mi vista con sus mismas ventanas cerradas, como si fuera una morada que contenía un pasado ya distante.

Allí, en ese recinto vacío, un equipo telefónico digital de última generación que era el objeto de mi visita al lugar, yacía acurrucado en un ángulo y rodeado de tabiques de madera y vidrio herméticos.

Las rejillas de los conductos del aire acondicionado, que otrora abastecían a todo el gran local se habían tapado y ahora solo habían quedado algunas de ellas, destinadas a alimentar ese receptáculo de madera y vidrio, que albergaba ese pequeño y moderno equipamiento informático.

—Ingeniero, es necesario renovar el sistema de aire acondicionado porque no sale el aire —me dijo el encargado, apenas llegué.

—Cuando la temperatura es elevada, el equipo de telefonía corta automáticamente el servicio por seguridad y nos quedamos sin vínculo de larga distancia. Es necesario hacer un nuevo proyecto urgente para reemplazar este viejo equipamiento de aire acondicionado, porque la situación es grave y se nos viene el el verano, me señaló.

—Está bien, voy a realizar un relevamiento general para ver como encaramos la solución —le dije.

Me senté a analizar el tema y de pronto, el tiempo me remontó veinte años atrás. Era como si recorriera un álbum de fotos, donde la vida me aparecía como un completo inventario, que se acumulaba en una antología de imágenes atenazadas.

Recordaba cuando había llegado allí, en aquel tiempo pasado, a esa misma Central de larga distancia.

Me encontraba rodeado entre dos mundos: el de la realidad de ese momento y aquel ayer que surgía en mi conciencia. Eran como dos melodías que no estaban coordinadas y producían un ritmo desacompasado en mi interior.

—Por favor, vaya urgente a ver el segundo piso del local de larga distancia de la ENTel de Ramos Mejía, porque las operadoras están haciendo una protesta, reclamando el aire acondicionado —me había ordenado el gerente, en aquel tiempo.

Cuando fui allí, el enorme local con sus ventanas clausuradas, estaba cubierto por equipos telefónicos de conmutación manual, destinados a atender las llamadas de larga distancia. Era un nudo donde pasaban las comunicaciones desde Buenos Aires al mundo.

A lo largo y frente a los conmutadores estaban sentadas las operadoras que mediante clavijas, efectuaban las conexiones respectivas, de acuerdo a los pedidos de los usuarios en todos los idiomas imaginables.

Se habían instalado unos cuantos acondicionadores domésticos en las paredes, que no alcanzaban para satisfacer las necesidades de calor y como resultado de ello, el ambiente en verano, era realmente muy pero muy caluroso.

Me encontraba abstraído en el local analizando el proyecto a realizar, cuando a las 10 y 55, de repente y al unísono, como respondiendo a un llamado del cielo, todas las operadoras se pusieron de pie levantando las clavijas con las manos, cortando de esa forma, todas las comunicaciones de larga distancia con el mundo.

Parecía un verdadero ataque de locura y yo no lograba dominar mis ideas. Todo se disolvía en la incertidumbre y trataba de reflexionar: ¿Era realmente un símbolo de rebeldía o eran seres irreales, parados allí cómicamente, levantando con fervor unas clavijas?

Cinco minutos después, todo se tranquilizó y volvieron a trabajar normalmente.

—Están haciendo un movimiento de protesta por el aire acondicionado. Cada cinco minutos antes de cada hora ocurre lo mismo, me indicó la supervisora.

Evidentemente el reclamo tuvo éxito, porque surgió no se sabe de donde, la partida presupuestaria para contratar la instalación nueva. Realicé el proyecto optando por el montaje de dos equipos de aire acondicionado en la azotea, haciendo un agujero en el techo para pasar una red de conductos y rejillas, a fin de efectuar la distribución del aire frío en ese enorme local.

La obra civil debió efectuarse en altas horas de la noche donde solo había personal masculino de guardia y con todas las prevenciones de seguridad y protección del polvo que requería este tipo de montaje.

Finalmente, la instalación fue una obra de arte. Se percibía una frescura uniforme en todo el recinto, no se originaba ruido alguno y la distribución del aire era perfecta. Efectuada la recepción de los trabajos con el contratista, pensé olvidarme de este tema para siempre.

Sin embargo, a los quince días de recibida la instalación me llamó nuevamente el gerente:

—La instalación de aire acondicionado de Ramos Mejía

no funciona y el personal está quejoso. Es posible que realicen otra manifestación de protesta. Por favor vaya urgente a ver que pasa, me dijo.

Fui nuevamente allí en una tarde de verano soleada, con un calor terrible y lo primero que hice, fue dirigirme a la azotea a ver los equipos de aire acondicionado y detectar porque no andaban. Con sorpresa constaté que los mismos funcionaban normalmente, de modo que bajé presuroso al local para indagar lo que ocurría.

Cuando entré, después de aquel tremendo calor, el clima del ambiente era un oasis y sentía que una agradable sensación de frescor me rodeaba.

—Parece que ya arreglaron el equipo, le dije sonriente a la supervisora.

—No crea ingeniero, esto está todo cerrado y el aire acondicionado no se nota que funcione para nada, me contestó con severidad.

—Pero... ¿Usted sabe el calor que hace afuera?, le dije tímidamente y luego, prestamente me dediqué a verificar que era lo que realmente pasaba.

Y detecté que tenía razón la supervisora. Con tanta cantidad de personas, fui sintiendo poco a poco dentro de ese local totalmente cerrado, como que me faltaba el algo de aire puro y como la temperatura, después de un tiempo largo de permanencia, había dejado de ser agradable y parecía realmente como que el sistema de aire acondicionado no funcionaba.

La solución fue sencilla. Abrí totalmente la persiana de toma de aire nuevo exterior de ventilación en la azotea que la habían dejado algo cerrada, luego regulé el termostato para bajar la temperatura del aire del local unos grados más y por último como aporte psicológico, hice colocar unos finos flecos de papel de colores en las rejillas de difusión del aire, para que las operadoras percibieran el su movimiento y de esa forma tuvieran la sensación que el equipo realmente funcionaba.

—¿Ve cómo sale el aire? —le dije a la supervisora cuando me fui, mostrándole cómo se movían los flecos.

Después de casi una vida, me encontraba ahora nuevamente allí. La sala estaba vacía. Ya había dejado de ser la ENTel Argentina, para transformarse en la Telefónica Española y todo aquello, había sido reemplazando por ese pequeño equipo digital. Ya no había operadoras, ni conmutadores manuales, ni supervisora, ni nada.

No pude evitar por un instante de inquietarme, como si fuera una visión de pesadilla. ¿Qué había sido de esa gente? Sus vivencias, su lucha, sus justos reclamos, sus alegrías, sus sinsabores. Todo había pasado, borrado por el misterioso devenir del tiempo y el inexorable desarrollo de la técnica.

Allí solo estaba aquel pequeño equipo telefónico digital que, como una cruel burla del destino, hoy se quejaba, como ayer lo habían hecho aquellas sacrificadas operadoras de larga distancia.

En la azotea todavía permanecían estoicos, los dos equipos de aire acondicionado con sus gabinetes, oxidados ya, pero aún funcionando. Les cerré la persiana de toma de aire exterior para aumentar el rendimiento.

Total, ¡para qué querría respirar aire puro una computadora telefónica!

Y como antes, con el termostato bajé la temperatura del aire unos grados más en aquel pequeño recinto, armado con tabiques de madera y vidrio.

Por último, en un impulso repentino, dado que el sistema de distribución de aire seguía sin producir ruido alguno, con una hoja de diario confeccioné unos finos flecos y los puse en las rejillas de salida del aire frío que habían quedado. Luego, al venir el encargado de Telefónica, le dije ante su inquisitoria mirada:

—Vamos a proyectar algo nuevo, pero el viejo sistema de aire acondicionado aún funciona. ¿Ve cómo sale el aire? —y le mostré orgulloso cómo flameaban los flecos de papel en las rejillas, tal como otrora lo había hecho con aquella supervisora de ENTel, en aquel tiempo pasado, que ahora para mí, aunque parezca mentira, ya no era pasado, porque había revivido en ese nuevo presente de mi vida.

---

Publicado en la Revista "Clima" de la Cámara Argentina de Aire Acondicionado y Calefacción. Buenos Aires. 2006.